NOTICE BIOGRAPHIQUE

SUR

M. L'ABBÉ NAILLON

CURÉ-DOYEN DE NOUVION

CHANOINE HONORAIRE DE LA GUADELOUPE

Décédé le 21 Septembre 1880.

AMIENS,

LIBRAIRIE CATHOLIQUE A. GUILLAUME

5 ET 7, PLACE SAINT-DENIS

1880

NOTICE BIOGRAPHIQUE

NOTICE BIOGRAPHIQUE

SUR

M. L'ABBÉ NAILLON

CURÉ-DOYEN DE NOUVION

CHANOINE HONORAIRE DE LA GUADELOUPE

Décédé le 21 Septembre 1880.

AMIENS,
LIBRAIRIE CATHOLIQUE A. GUILLAUME
5 ET 7, PLACE SAINT-DENIS

1880

En publiant une notice biographique de M. l'abbé Naillon mort récemment curé-doyen de Nouvion, nous répondons à de nombreuses et pressantes instances.

Les amis de M. Naillon, et ils sont nombreux, ont regretté que la *Semaine religieuse* du Diocèse n'ait pas donné plus de détails sur la vie de ce vénérable ecclésiastique. Nous essayons aujourd'hui de combler cette lacune qu'on ne peut imputer qu'aux circonstances, ainsi que nous l'avons dit dans le n° du 3 Octobre dernier de notre Semaine religieuse.

Grâce aux démarches de plusieurs ecclésiastiques du Diocèse, interprètes d'un grand nombre de leurs confrères, et mandataires de beaucoup des anciens paroissiens de M. l'abbé Naillon, nous avons en main, sur sa vie et sur ses œuvres, des renseignements précieux et édifiants que nous sommes heureux de réunir en une petite brochure qui sera lue avec intérêt et profit, aussi bien par le clergé que par les fidèles.

La vie de ce saint prêtre qui fut appelé si justement *Bâtisseur d'églises*, qui fut, au témoignage de tous ceux qui l'ont connu, *un curé modèle, un vrai pasteur, un confrère d'une aménité et d'une charité parfaites* (Ces hommages lui sont rendus dans les lettres que nous avons reçues de M. le chanoine Delplanque, de M. le doyen d'Hallencourt, de M. le curé de Sailly-le-Sec, etc.), aura le privilège d'être racontée par ceux qui en ont été les témoins et les admirateurs. Inutile de dire qu'on reconnaîtra, en lisant le récit de nos correspondants, une émotion vraie et nullement de commande.

C'est ce qui nous a décidé à reproduire, tels qu'ils sont, sans presque rien y changer, les divers documents qui nous ont été envoyés. Nous conserverons mieux ainsi, il nous semble, cette physionomie si bonne, si sympathique ! — Nous aurions été heureux de suivre la marche que nous indique dans une de ses lettres, M. l'abbé Delplanque. « Vous avez donc, maintenant, nous écrit-il, à la date du 3 novembre, à peu près, je pense, les éléments principaux du travail que vous voulez bien entreprendre pour honorer la mémoire d'un des pasteurs les plus zélés que j'aie connus et pour édifier ses frères dans le sacerdoce par le récit de ses œuvres et de ses vertus. Trois qualités, à mon avis, méritent surtout d'être signalées : *son éloquence populaire* qui le rendait maître absolu de son auditoire ; *Son habileté comme administrateur*, qui l'a fait triompher d'obstacles sérieux à Long comme à Nouvion ; *Son aménité de caractère et son grand cœur*, qui le faisaient aimer de ses paroissiens, des enfants surtout, comme de ses confrères. »

Si logique et si claire que serait cette manière de procéder il nous a semblé qu'elle nous exposerait à un double inconvénient, auquel le peu de temps dont nous disposons ne nous permet pas d'obvier : non seulement il faudrait souvent interrompre, briser le récit, parfois charmant et plein d'entrain de quelqu'un de nos correspondants, mais en empruntant à divers manuscrits des détails ou des traits que nous devrions grouper sous le même chef nous ferions nécessairement plus de *redites*.

Nous nous contenterons de l'ordre chronologique, et après une rapide esquisse de l'enfance et de la jeunesse cléricale de M. l'abbé Naillon, nous le suivrons pas à pas dans chacune des paroisses dont il fut curé, et dans lesquelles il a laissé des souvenirs impérissables de zèle et de charité. Citerne, Long, Nouvion, seront comme trois étapes bénies où tous ceux qui voudront bien nous suivre trouveront, nous en avons la ferme confiance, dans la vie toujours régulière et sainte de notre vénéré défunt, dans ses enseignements comme dans ses exemples, une douce et persuasive exhortation à la vertu.

L'abbé A. Guidet.

I

Irénée Naillon naquit à Hangest-sur-Somme, le 10 Mai 1810. A l'exemple du Divin Enfant, à mesure qu'il croissait en âge, il croissait en sagesse et en soumission à ses père et mère. Ayant été longtemps enfant de chœur, on admirait sa bonne tenue, sa piété, son ardeur pour le chant, et surtout son aptitude à remplir les fonctions de maître des cérémonies ; il préludait ainsi à ce zèle de la Maison de Dieu et de tout ce qui s'y rattache, qui devait être le caractère distinctif de son ministère.

Ce ne fut qu'assez tard qu'il commença à apprendre le latin : il entra d'abord dans une des maisons dépendantes de Saint-Acheul, où il resta jusqu'à la fermeture du collège en 1828. Il alla ensuite à Saint-Riquier, et plus tard, n'ayant pu obtenir de gagner une année, il passa au collège d'Abbeville où il termina ses études. Elles ne furent point marquées par de brillants succès, mais il se distinguait par un excellent jugement et un bon sens naturel des plus rares.

C'était un très bon camarade qui exerçait une grande influence autour de lui ; mais il ne s'en servait que pour le bien et le respect de l'autorité, comme il le fit voir surtout au collège d'Abbeville où il jouissait de la confiance entière du Principal.

On rapporte qu'un de ses amis de collège ayant osé tenir en sa présence des propos impies, il lui répondit vivement : « *Tais-toi, tu ne devrais plus jamais oser parler ni te montrer après avoir dit de telles choses.* »

Rentré chez lui, il eut la douleur de voir sa mère enlevée par le choléra ; cette mort lui inspira les plus sérieuses réflexions, et ne contribua pas peu à développer et à fortifier sa vocation au sacerdoce, qui depuis longtemps, germait dans son âme candide.

Au grand Séminaire, il fut un des meilleurs théologiens ; il annonçait surtout de grandes dispositions pour la Chaire, étant capable d'improviser, n'importe sur quel sujet, de la manière la plus heureuse. Il brillait principalement par cette éloquence populaire et de tribun, qui agit si puissamment sur les masses et qui lui obtint de si grands succès. Aussi avait-il conçu le dessein de se consacrer aux missions étrangères, mais on le fit consentir à rester agrégé au Diocèse, où il pourrait donner libre carrière à son zèle apostolique.

Son premier poste, ou plutôt son premier champ de bataille, fut la paroisse de Citerne.

II

Malgré le malheur des temps et l'affaiblissement de la foi dans un grand nombre de nos paroisses de la campagne il est à remarquer qu'aujourd'hui encore l'arrivée d'un *nouveau curé* est, pour elles, non seulement un évènement, mais une fête. Disons-le pour notre consolation, il en est surtout ainsi dans le diocèse d'Amiens.

Sans doute, il faut faire la part de l'indifférence et des divisions mesquines des petits partis auxquelles n'échappent pas les plus modestes localités, mais presque jamais on ne rencontre d'hostilité ouverte et systématique aux honneurs qui sont décernés d'ordinaire à celui qui prend possession de sa paroisse.

Quand M. l'abbé Naillon, récemment ordonné prêtre et âgé à peine de 26 ans, fut envoyé par ses supérieurs ecclésiastiques comme curé à Citerne, le pays était moins troublé qu'aujourd'hui... surtout les campagnes... Une grande simplicité de mœurs, et par suite, une foi vive et sincère y régnaient encore dans beaucoup d'endroits. — La paroisse de Citerne se distinguait parmi toutes celles du doyenné d'Hallencourt par son esprit de foi et par sa piété. — Aussi, avec quel bonheur avec quel enthousiasme, avec quelles démonstrations et avec quels honneurs fut reçu ce jeune prêtre qui promettait tant, et qui a si bien réalisé les espérances qu'il faisait déjà concevoir !

C'était en 1836, sous l'épiscopat de Monseigneur de Chabons. Si loin que nous soyons de cette époque, le souvenir de l'arrivée de M. Naillon à Citerne y est toujours vivant

Aussitôt installé, le jeune curé se met à l'œuvre. Son zèle aussi prudent qu'il est ardent, sa piété aussi compatissante qu'elle est tendre, lui ont bientôt ouvert le cœur de ses paroissiens. On est étonné, édifié et vaincu par tant de tact, de bon sens pratique, de véritable charité et de zèle réunis dans un si jeune homme ! Les vieillards eux-mêmes se laissent entraîner volontiers par sa parole simple, populaire et toujours apostolique. Nous ne parlons pas des enfants ni des jeunes gens : à Citerne comme à Long et à Nouvion (nous aurons occasion de le constater ultérieurement), il exerça toujours sur eux un ascendant salutaire, parce que toujours il eut pour eux, à l'exemple de *N.-S. J.-C.*, une prédilection marquée.

Nous ne devons pas nous étonner que réunissant en lui de telles qualités, et jouissant par lui-même, d'une influence d'autant plus efficace que son bon sens naturel et son amour du bien lui apprenaient à la cacher plus soigneusement, il ait pu réaliser des œuvres importantes.

« Deux choses essentielles à la vie d'une paroisse manquaient à Citerne : une église pour abriter le Dieu qui sauve les âmes et un presbytère pour son ministre. Le jeune curé se met à l'œuvre : des âmes pieuses aideront au succès de l'entreprise. Mais, parce que le démon cherche toujours à entraver les œuvres de Dieu, M. Naillon rencontrera des obstacles à la réalisation de ses desseins. Ici le lecteur appréciera notre réserve et il comprendra qu'il ne nous convient pas d'entrer dans les détails. — M. le Curé priera, il multipliera les démarches, les appels à la charité chétienne, à la bienveillance et à la protection de l'autorite, — et la paroisse aura son église, modeste, il est vrai, comme les ressources de la paroisse elle-même et surtout comme le goût de l'époque : mais, enfin, Dieu aura *sa maison*, et en face du sanctuaire, s'élèvera aussi l'humble toit destiné à abriter son ministre. Déjà s'était révélé le *Bâtisseur d'églises.* »

Nous devons ajouter qu'un zèle supérieur encore à celui de *la maison de Dieu* animait, dévorait son cœur sacerdotal : le zèle du salut des âmes : Frucourt, Mérélessart, le redisent à l'envi.

Chargé, *par interim,* mais assez longtemps, toutefois, pour y avoir tracé si profondément son sillon et y avoir jeté si abondamment la semence de la parole sainte, que les Ouvriers si zélés attachés à l'heure présente, à ces portions du *champ du père de famille*, peuvent se demander, à bon droit, à qui revient le mérite du bien qu'ils sont heureux de constater dans leurs paroisses, M. Naillon suffisait à tout.

Demandez à *Frucourt* où, pendant le temps dont il en a été chargé, il est parvenu à faire construire un presbytère pour un confrère, demandez quel a dû être son dévouement, quel a dû être son désintéressement ?

Parlez à *Mérélessart*, entre mille autres choses, de cette première communion qu'il prépara et qu'il fit faire, il y a de cela plus de 40 ans. Le souvenir en est toujours vivant, et il nous est arrivé des échos bien émouvants de ces voix qui, jeunes alors, sont presque des voix de vieillards aujourd'hui.

Heureux ! Bienheureux les prêtres qui impriment dans les âmes des souvenirs si vrais de religieuse reconnaissance !

Ce court et bien incomplet récit des dix années que M. Naillon passa à Citerne, suffira pour faire conclure que l'Administration diocésaine, toujours si sage, devait envoyer un tel ouvrier dans un plus vaste champ.

En 1846, Monseigneur Mioland nommait M. l'abbé Naillon curé de Long.

III

Après la mort de M. l'abbé Jourdain, qui édifia notre pays par un grand zèle pour son ministère, et par une fervente piété, la Providence envoya à Long son compatriote, l'ancien curé de Citerne, M. l'abbé Naillon.

Ce dernier, suivant le conseil d'un vénérable ecclésiastique (1), s'attacha à gagner la confiance de ses paroissiens par la persuasion et le dévouement.

Personne ne pouvait, mieux que lui, remplir la tâche que lui imposait son Évêque : la construction d'une église, dont les difficultés avaient empoisonné et abrégé les jours de son prédécesseur ; le salut des âmes, dont il devait faire à Dieu des sanctuaires vivants.

Depuis 27 ans qu'il nous a quittés, il ne reste plus ici qu'un petit nombre d'amis qui savent les tracas, les voyages, les luttes, les sacrifices personnels que l'église de Long a coûtés à son ancien Pasteur. L'un d'eux nous assure que lorsqu'il fut nommé Doyen, il ne possédait pas assez de ressources et qu'il fut obligé d'emprunter pour acheter des meubles en rapport avec sa nouvelle dignité.

La persuasion était le moyen qu'il employait pour

---

(1) M. l'abbé Perdu, curé d'Airaines.

arriver au double but de sa mission. Tout cédait à ses éloquentes paroles : il avait des arguments irrésistibles, il fallait vouloir ce qu'il voulait, et lorsqu'on l'entravait dans la poursuite de ses idées, toujours inspirées par son zèle pour la gloire de Dieu, il avait des menaces qui faisaient trembler, car plusieurs fois Dieu lui-même parut vouloir frapper ceux qui s'opposaient à l'œuvre du digne pasteur.

Nous ne parlons pas du grand nombre de conversions qu'il faisait à chaque carême : jamais on ne se lassait de l'entendre en chaire. Au catéchisme, des récits historiques, des traits intéressants, venant à l'appui de ses exhortations, captivaient son petit monde qu'il aimait, et dont il était vénéré ; et toujours l'instruction se terminait par une morale dont la dernière phrase était toujours : « Et vous serez-bien ?... Sages... » répondait tout d'une voix l'assistance.

Cependant il arrivait que des enfants dénués de mémoire ou de courage, savaient peu leur catéchisme, mais il avait choisi des zélatrices charitables qui le secondaient en leur apprenant mot à mot leur leçon : chacune d'elles est restée fidèle au souvenir du digne prêtre, comme aux exemples de foi qu'il leur a laissés.

Comme M. l'abbé Naillon visitait souvent ses malades il n'était pas rare de le rencontrer dans nos rues ; c'était une joie pour beaucoup, parce qu'il s'informait auprès de chacun de tous les membres de sa famille. Les enfants surtout avaient toutes ses prédilections : que de fois il allait visiter les écoles, s'informant de leurs progrès dans leurs études ou dans la vertu. Et lorsqu'il passait devant ces institutions avec le saint Viatique (qu'il portait alors en cérémonie) ou avec le Saint-Sacrement le jour de la Fête-Dieu, il s'y arrêtait, se tournait vers la porte, et bénissait l'intéressante jeunesse en élevant vers leur asile et en forme de croix la sainte Hostie. Tous ces témoignages extérieurs de foi et de charité faisaient jaillir les larmes des yeux, de toutes les mères, principalement.

Son dévouement le plus tendre était assuré à tous ceux qui étaient éprouvés par la maladie. On se plait à se raconter encore depuis son départ les paroles pleines d'onction et d'encouragement qu'il adressait à ceux qui souffraient. Combien son assiduité au chevet des mourants adoucissait l'amertume du dernier adieu pour l'agonisant et pour sa famille ! Son zèle ne se bornait pas au soulagement de l'âme ; que de secours secrètement glissés dans la main du pauvre ! quelle ingénieuse industrie, pour faire accepter sans rougir, un généreux secours à ceux qui n'osaient avouer leur détresse trop réelle !

Une femme âgée (1), pauvre, étrangère et sans famille, abandonnée par la crainte du choléra dont elle était atteinte (en 1849) le vit accourir à son lit. Elle était dans un état lamentable de souffrance et de désordre. Il fallut pour se frayer un chemin jusqu'à son lit, en attendant qu'on vînt lui aider, qu'il fît disparaître lui-même l'affreuse malpropreté qui régnait dans cette pauvre demeure. Après la mort de cette femme, il se chargea lui-même des frais des funérailles.

Une autre fois, une petite Versaillaise de 6 à 8 ans,

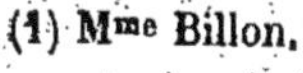
(1) Mme Billon.

venue chez une tante au Câtelet (annexe à 2 kilomètres de Long) pour rétablir sa santé, devint plus malade. Le bon pasteur, sans calculer la distance, la visitait chaque jour. La petite malade était un prodige d'intelligence pour son âge, il en fit un modèle de piété et de résignation. Il lui avait fait de l'autre vie un tableau si touchant qu'elle ne voulait plus retourner à Versailles, mais avec le bon Dieu et sa mère du Ciel. Quand cette petite âme fut arrivée Là-Haut, le bon pasteur pleura avec la famille, prononça une oraison funèbre sur le petit cercueil, escorté par les enfants du village. Tous avaient été invités à former le cortège par le digne Curé lui-même.

Il arriva encore que deux pères de famille disparurent de ce monde, à des époques différentes: l'un avait élevé ses 10 enfants, l'autre 16, à force d'économie et de travail. C'étaient de fervents chrétiens, pleins de foi et de probité. Notre digne Curé profita de ces deux circonstances pour nous proposer à suivre l'exemple de ces deux hommes. Aucun des assistants qui restent n'a oublié ses émouvantes paroles.

C'est ainsi que son grand cœur embrassait toutes les misères, toutes les douleurs, toutes les faiblesses, pour les adoucir ou les soulager ; c'est ainsi qu'il honorait la vertu en quelque lieu qu'il la rencontrât. Faut-il s'étonner alors des souvenirs si profonds qu'il a laissés parmi nous ? Il suffisait d'habiter son ancienne paroisse pour avoir part à sa bienveillante hospitalité, s'il arrivait qu'on fût chargé de quelque message pour lui à Nouvion.

Jamais il n'oubliait de répondre, et le plus promptement possible, à ceux qui lui écrivaient, témoin cette lettre dont l'original est conservé comme une relique par la famille qui la possède :

« *Nouvion, 10 Mai* (jour de ma naissance 1810) *1880.*

« Ma chère Enfant,

« Voici une lettre charmante que je reçois aujourd'hui d'un « excellent enfant de Long. Il se prépare à faire sa première « communion dimanche, mais il a oublié de signer son nom, « et je me vois privé de répondre à cet ange de la terre.

« Soyez assez bonne pour vous informer dans les écoles, « de qui vient cette écriture, et dites à ce cher enfant que « j'ai été très sensible au souvenir reconnaissant de ses bons « parents et au sien. Je prierai bien volontiers pour lui et « pour eux dimanche prochain au saint Sacrifice de la Messe.

« Et vous, chère enfant, comment allez-vous et quand « viendrez vous nous voir ? Vous trouverez notre église bien « changée et bien embellie.

« J'ai eu des nouvelles de Long, il n'y a pas bien long- « temps. Je me suis informé de vous et de votre intéressante « famille en particulier ; tout le bien qu'on m'en a dit m'a « fait grand plaisir.

« Votre mari est toujours bon et bien portant. Dites-lui « que je l'aime toujours beaucoup.

« J'ai rencontré dernièrement à la gare, M. C. T. votre « beau-frère. Il m'a dit qu'il se proposait de se retirer à L., « et qu'il viendrait me voir aussitôt qu'il serait libre.

« Quand vous viendrez, vous admirerez nos croisées qui « sont fort belles. Nous nous portons bien ; quant à moi, pour « mon âge (70 ans), je n'ai pas à me plaindre, bien que je « sois de temps en temps oppressé.

« Hortense va très bien, venez nous voir quand vous « pourrez.

« Adieu, bonne P..., priez le bon Dieu pour moi et pour « mes Paroissiens.

« Faites bien des compliments à A..., votre sœur.

« Tout à vous,

« I. NAILLON. »

Cette lettre respire tant de bonté, elle montre si bien dans sa simplicité, le cœur *pastoral* de M. Naillon que nous ne pouvons pas résister au plaisir de reproduire plusieurs autres lettres que nous tenons d'une gracieuse obligeance.

Nos lecteurs nous sauront gré de cette petite digression.

LETTRE DE CONSOLATION

Nouvion, 15 septembre 1863.

Mademoiselle A... (1)

Je vous remercie des vœux que vous formez pour moi et pour le troupeau qui m'est confié ; vous ne sauriez croire combien je suis sensible à vos bons souvenirs. Vous me parlez de votre digne mère et de votre chère sœur, cet ange de vertu ; je ne les ai jamais oubliées ; j'avais d'ailleurs pour elles et pour vous tous tant d'estime, que l'éloignement n'a rien diminué des sentiments que m'ont inspirés vos vertus.

Vous me dites que ce que j'ai fait pour vous ne vous permettra jamais de m'oublier : ma chère enfant, c'est parce que vous êtes bonne et généreuse que vous m'avez jugé si favorablement ; je continuerai à penser à vous et à vos bons parents au saint Sacrifice de la Messe.

La perte de votre bon père m'a fait de la peine, je l'aimais

(1) Alphonsine Pecquet (âgée de 65 ans), de Long.

beaucoup ; toujours il a été juste, bon et vertueux : il est allé rejoindre son cher fils dans le Ciel (1). Je dirai très volontiers la Messe pour le repos de son âme, la semaine prochaine, jeudi, s'il n'y a pas d'obstacles ; vous pourrez vous unir d'intention.

Veuillez faire agréer mes souhaits à votre estimable mère et à votre excellente sœur. Je dirai pour vous tous la prière à la sainte Vierge que vous voulez bien me réclamer. D'ailleurs, je prie pour vous parce que je sais que vous me le rendez au centuple.

Ma sœur va bien, elle vous remercie du bon souvenir que vous avez pour elle.

Adieu, ma chère enfant, continuez de demander au bon Dieu que je puisse un jour vous rencontrer dans le Ciel avec vos chers parents et tant d'autres bons paroissiens dont je désire toujours si ardemment le salut, etc.

Nouvion, 29 juin 1864.

Ma chère enfant,

Vous avez bien fait de m'envoyer une bonne lettre pour me donner de vos nouvelles et de celles de votre excellente famille.

J'ai lu avec un véritable plaisir tous les détails que vous me donnez sur tous ceux qui vous sont chers.

Votre excellent frère est au Ciel, dites-vous ; oui, ma fille, il y a longtemps déjà qu'il prie pour nous. Je me rappelle avec bonheur la vie si sainte de ce bien-aimé frère. J'ai passé mon enfance avec la sienne, il est difficile de s'aimer plus solidement que nous ne le faisions. Son souvenir me sera toujours cher. Il est avec votre vertueux père ; le Ciel ne peut nous échapper avec de tels protecteurs.

Continuez, ma chère fille, de prier pour celui qui fut un

(1) M. l'abbé Hippolyte Pecquet.

moment votre pasteur. Je n'ai emporté qu'un regret, c'est de n'avoir pas été destiné à m'immoler entièrement pour un peuple que j'estime et que j'aime toujours.

J'ai retrouvé, il est vrai, ici, bien des consolations, et j'espère qu'elles iront toujours en augmentant jusqu'au moment où nous irons revoir dans la patrie véritable ceux qui nous sont chers.

Dites bien à votre digne mère et à votre chère sœur, notre bonne et pieuse Aglaé, que je suis très content de leurs bons souhaits.

Je prie aussi pour elles, et quand je pense aux personnes les plus estimables de Long, c'est sur elles que s'arrête ma pensée.

Recevez pour vous et pour elles tous mes meilleurs sentiments et veuillez me croire toujours,

Votre ancien pasteur tout dévoué,

I. Naillon.

J'ai vu M. le curé de Saint-Gilles, qui a regretté de n'avoir pas été chez lui au moment de votre visite. Il est aussi, bien occupé dans sa paroisse où il fait beaucoup de bien. La restauration de son église est vraiment admirable.

LETTRE DE BONNE ANNÉE

Nouvion 31 décembre,

Mademoiselle,

Je vous remercie beaucoup de vos bons souhaits. Je vous assure que votre excellente lettre m'a fait du bien : vous me parlez un langage si pieux et si touchant, vous me faites revivre avec ces chers habitants de Long, que j'aimais si bien et que j'aimerai toujours.

Continuez, ma chère Mademoiselle, de prier pour moi, afin que je sois un prêtre selon le cœur de Dieu.

Je me porte bien à Nouvion et mon indisposition du larynx ne m'empêche plus de remplir les devoirs du saint ministère.

Continuez, vous et mademoiselle Aglaé, de prier pour moi et pour ma paroisse, etc.

LETTRE DE CONDOLÉANCE.

Mademoiselle,

Je partage votre douleur et j'en comprends toute l'étendue. mademoiselle Aglaé était si bonne, si pieuse ! elle est bien certainement au Ciel : c'est une si belle âme. Elle a quitté la terre où elle n'a laissé que des exemples de vertu, de dévouement et de sacrifices. Je prierai pour elle, mais j'ai la confiance que déjà elle prie pour nous ; puisse-t-elle, avec tous les vôtres, se souvenir dans le Ciel du pauvre prêtre qui fut leur pasteur, pendant de bien courtes années, et qui bientôt doit aussi aller rendre compte à Dieu des années d'exil qu'il a passées sur la terre, etc.

M. l'abbé Jourdain, prédécesseur de M. Naillon à Long, était mort sans avoir pu faire reconstruire son église qu'il avait vu démolir.

Il était réservé à M. Naillon de réussir. Mais au prix de quelles peines, de quels sacrifices ! Que de démarches ! que d'épreuves ! que de traverses ! et quelle persévérance ! quel dévouement !

Lorsqu'après des contradictions de toutes sortes, des luttes contre ceux qui voulaient entraver les travaux de l'église, le monument fut achevé, un accident déplorable consterna les habitants de Long et leur Pasteur : Le plan de l'architecte n'ayant pas été fidèlement suivi, des pierres tendres furent mises, au lieu des pierres de Boulogne, pour terminer le haut des piliers. Bientôt de larges crevasses s'y formèrent, l'édifice à peine debout menaçait ruine. Après bien des réunions d'experts, dont les avis étaient plus ou moins contradictoires, il fut décidé que la voûte serait suspendue, à l'aide de poutres fortement serrées avec des machines.

Il fallut toute l'adresse d'esprit, toute l'énergie de caractère de M. le Curé pour relever tous les courages abattus par une telle épreuve. Les étrangers disaient en passant : cette église ne se sera jamais utile à rien. Les vieillards qui ne désespéraient pas entièrement de l'entreprise s'attristaient en disant qu'ils ne verraient jamais célébrer les offices divins dans leur église paroissiale.

Cependant les entrepreneurs et les ouvriers (1) électrisés par les encouragements de M. Naillon travaillèrent avec une persévérence qui fut couronnée de succès après de longs mois d'anxiétés pour tous ceux qui n'osaient y croire.

Une commission d'architectes examina l'œuvre achevée et rendit compte à qui de droit de son appréciation. De jour en jour, on attendait, avec une impatience fébrile, la permission officielle de livrer au culte la nouvelle maison de Dieu, lorsque le 4 novembre 1851, date gravée dans toutes les mémoires, M. l'abbé Leroy, alors vicaire de Saint-Remy à Amiens, par un train du soir, apporta la grande nouvelle que l'église était reçue comme on disait.

(1) Sa cave était à la disposition de ceux qui rendaient quelques légers services aux ouvriers, et à ceux-ci en même temps.

En un clin d'œil et par un élan spontané, au son de la grosse cloche, toute la population se précipita dans l'église provisoire, pour y chanter un Salut d'actions de grâces.

Avant d'entonner le *Te Deum*, notre vénéré Pasteur monte en chaire, son cœur déborde de joie et d'enthousiasme, il fait allusion aux transports du peuple juif revenant au Temple après 70 ans de captivité. Tous nous étions émus jusqu'aux larmes, et jamais actions de grâces ne furent manifestées par des cœurs plus reconnaissants.

A la sortie du Salut, les femmes chantaient ce cantique si connu :

> Chantons les combats et la gloire
> Des Saints nos illustres aïeux,
> Ils ont remporté la victoire, etc.

et les hommes, les enfants, les vieillards continuaient le refrain, en sortant, jusque sur la place du Château...
— Le mérite de M. l'abbé Naillon qui déjà avait fixé l'attention de Monseigneur de Chabons, attira aussi celle de Monseigneur de Salinis qui nomma le Curé de Long, Doyen de Nouvion.

IV

M. Naillon avait 43 ans. Il avait bâti deux églises ; il avait fait aimer Dieu et le prêtre dans deux paroisses. Monseigneur de Salinis voulut, tout en récompensant son mérite, le mettre à même de déployer dans un champ plus vaste un zèle ardent pour Dieu et les âmes.

La mort du vénérable M. Fiévé laissait vacants depuis plusieurs mois déjà, la cure et le doyenné de Nouvion. L'abbé Naillon y est nommé. Jamais choix n'avait été mieux justifié. Mais ce prêtre d'élite était peu sensible à un honneur, dont son humilité l'empêchait de se croire digne. Et puis, fallait-il quitter cette chère paroisse de Long qu'il aimait tant ? Fallait-il dire adieu à cette église si belle et qui lui avait tant coûté ? Le cœur brisé, il court à Amiens : — « Monseigneur, dit-il, j'aime Long ! » — « Il y a du bien à faire à Nouvion, répond l'Évêque. — Mais mon église... Monseigneur ; elle est si belle ! Et à Nouvion, ce n'est pas une église, c'est une grange ! » — « Eh bien ! mon bon abbé Naillon, vous la rebâtirez. » — « Mais, Monseigneur, pensez donc ! pendant « mon séminaire, j'ai demandé instamment à Dieu une « grâce, celle de ne jamais avoir d'église à bâtir. » L'Évêque sourit : « J'espère, dit-il, que le bon Dieu « continuera à exaucer cette prière à Nouvion, comme il

« l'a exaucée à Citerne et à Long. Allez, mon cher « Doyen, bon courage et bonne réussite ! »

M. Naillon arrive à Nouvion, vers le milieu de l'été de l'année 1853. On se rappelle encore sa première parole : « Ma mission est une mission de paix. Je veux la « paix, la paix entre vous tous, la concorde. Je veux la « paix de vous à moi... Je veux la paix en vous, la paix « du cœur... Je veux la paix entre vous et Dieu ! »

C'était bien là le prêtre. C'était bien là le représentant de Celui que l'Écriture appelle le Dieu de la paix,.... sur la crêche duquel les Anges ont chanté : « Paix aux hommes de bonne volonté ! » et qui, au moment de remonter au ciel, disait pour adieu à ses apôtres : « Je vous donne ma paix, je vous laisse ma paix ! »

Aujourd'hui, après 27 ans, il semble que toute la vie de M. Naillon à Nouvion peut se résumer en ce mot : la paix ! Il semble qu'il ait fait de ce mot sa devise. Jamais il n'y manqua.

Il fut vraiment pour tous, l'homme de la paix.

Et pourtant, le sang coulait chaud dans ses veines, et comme tout homme qui fait le bien, il se heurtait parfois à l'obstacle.

Mais l'obstacle, de quelque côté qu'il vînt, ne le faisait pas se départir de la modération qu'il s'était imposée. Et puis, il avait une manière de vaincre l'obstacle.

Il allait à son adversaire : « Je vous remercie, disait- « il, de me faire un peu d'opposition... j'ai besoin que « l'on m'arrête de temps en temps ; j'irais trop vite. »

Et devant cette pacifique simplicité, l'opposition tombait ; l'obstacle se transformait en aide... et M. Naillon avançait.

Il était à Nouvion depuis cinq ans ; et bien des fois le cœur gros au souvenir de Long, il avait regardé avec tristesse la *pauvre grange* : « Que faire ? se disait-il, « A Long, la commune a pu, sans trop s'appauvrir, « fournir des centaines de mille francs. Mais à Nouvion « il n'y a pas de marais communaux. C'est dommage ! « On conserverait le clocher, on jetterait le reste à bas... « On ferait une nef et deux bas-côtés... Oui, oui, on « ferait tout cela ! mais il n'y a pas d'argent..., il n'y « a même pas de place pour une construction nouvelle ! « Après tout, qui sait ? La Providence de Dieu est « grande et il y a de bonnes âmes partout. M. Naillon « avait raison de ne pas désespérer. »

En contribuant, très largement, lui pauvre, à la dépense, il avait stimulé le zèle du Conseil municipal et de quelques personnes riches de Nouvion , et en 1858, il plaçait trois belles cloches dans ce vieux clocher qu'il espérait bien voir attenir un jour à une église neuve. Le joyeux carillon entretenait dans son cœur l'espérance. Quelques années plus tard, la libéralité de nouveaux mariés lui permit d'enrichir son cher clocher d'une horloge.

Ensuite, en prévision des constructions futures, il obtint le don d'un terrain, situé derrière l'église et destiné à remplacer l'ancien cimetière qu'il fallait faire disparaître, sous peine de ne pouvoir jamais bâtir.

En 1864, deux époux généreux fondent une chapelle latérale en l'honneur de N.-D. des Victoires.

Ce n'était certes pas encore l'église si désirée ; mais M. Naillon avait bien jugé la situation. Ne pouvant espérer que des dons particuliers, il devait se résigner à ne bâtir que partiellement et successivement. La chapelle est construite, et bientôt grâce à de nouvelles libéralités, agrandie et admirablement polychrômée, elle se transforme en un magnifique bas-côté.

La sainte Vierge, que le bon prêtre a si longtemps priée, a enfin donné l'impulsion. Saint Joseph continue. Une chrétienne fervente lui lègue, en mourant, une somme pour sa part dans la construction d'un second bas-côté à ériger en l'honneur de ce grand Saint. M. Naillon prévoit que l'heure approche où ses vœux vont être enfin réalisés. L'action de Dieu sur les cœurs lui paraît évidente. Il bénit le nouveau cimetière en 1866. Et, grâce à des merveilles de tact, de délicatesse et quelquefois aussi à des sacrifices personnels, il obtient de ses paroissiens l'exhumation des dépouilles que renfermait encore l'ancien cimetière. S'il n'a pas les ressources nécessaires, il a désormais, du moins, l'emplacement. Sa sagesse avait su attendre l'heure de Dieu. Quand elle fut venue, il provoqua une souscription pour la construction du second bas-côté. Cette souscription réalisa ses espérances.

Mais la sainte Vierge, ni saint Joseph ne peuvent souffrir qu'il leur soit élevé des chapelles magnifiques, tandis que Jésus demeure dans l'étable de Bethléem.

Une personne, dont M. Naillon seul a su le nom, sur la terre, offre *vingt mille francs*. « Tout à bas ! » s'écrie le prêtre ; « dès que Dieu s'en mêle, il achèvera. » Il prie, comme s'il ne pouvait rien, il agit, comme s'il pouvait tout. Sa foi ne s'est pas trompée. L'argent afflue..... de nouvelles bourses laissent tomber de larges offrandes..... Ceux qui ont donné donnent encore.

L'église s'élève..... on donne toujours. En moins d'une année, oui, en dix mois, l'église s'achève.

Monseigneur Bataille la consacre le 30 Mars 1875.

Un des meilleurs amis de M. Naillon à rendu compte, dans la *Semaine religieuse*, de la belle cérémonie qui eut lieu à cette occasion.

Oh ! qu'il était heureux ce jour là le bon prêtre ! Qu'il avait bien oublié les heures de tracas, d'ennui, de découragement, ces heures pendant lesquelles on l'avait si souvent entendu dire : « Je veux mourir sans péché et sans dettes ! » Des larmes de joie inondaient son visage.

La population tout entière partageait son bonheur. Tout entière, du reste, elle méritait d'y être associée. Du plus riche au plus pauvre, tous avaient concouru à l'œuvre de Dieu. Dieu récompensait le riche et le pauvre, en faisant tomber dans le cœur de tous, une goutte de ce pur bonheur dont les bénis de Dieu s'enivrent en paradis.

L'église était construite ; il restait à l'orner. La piété générale des habitants de Nouvion ne se démentit point. Pourquoi la crainte de blesser dans leur aimable modestie, toutes ces âmes d'élite, nous empêche-t-elle de citer les noms ! Déjà, la même famille, qui avait offert jadis l'autel de N.-D. des Victoires, avait donné cet admirable maître-autel consacré le même jour que l'église. Bientôt la chaire fut offferte par une autre famille. Une main habile l'enrichit de panneaux sculptés. L'érection d'un chemin de croix suivit de près. Puis, vinrent les bancs de chêne si remarquables. Ils furent acquis à l'aide d'une souscription générale, recueillie par un sympathique jeune homme. Peu après, des fonts baptismaux très appréciés, un riche ostensoir, la bannière de saint Maurice, etc.

Depuis la construction de l'église, un mur protégeant le cimetière s'était élevé, ainsi qu'une vaste sacristie. Cette sacristie fut bientôt meublée de chêne, comme le sont rarement les sacristies des églises les plus importantes. En même temps, de riches vitraux artistiques, dont les sujets trahissent parfois les donateurs, ornent successivement les neuf ogives du chœur ; puis, les douze des bas-côtés.

Dans un de ces derniers se trouve reproduite la scène de saint Honoré ressentant à Nouvion, d'après la légende, les premières atteintes du mal dont il mourut à Port quelques jours après. Un cœur ami a eu l'heureuse inspiration de faire représenter dans cette scène le curé de Nouvion sous les traits de M. Naillon. La modestie du saint prêtre s'en était bien un peu émue ; mais la population tout entière est heureuse de conserver ainsi les traits aimés du pasteur qu'elle pleure aujourd'hui.

M. Naillon avait vieilli. Ce n'était plus le prédicateur ardent, à la voix sonore, aux inspirations passionnées. Celui qui avait tant de fois répété : « Je ne veux pas être « un chien muet, » ne parlait plus sans dangereux efforts. Tant de travaux l'avaient épuisé. Il était victime maintenant de ses saintes imprudences d'autrefois. Il lui fallait souscrire à des ménagements, auxquels il lui était dur de s'astreindre. Il souffrait de ne plus pouvoir se dépenser, comme il l'avait fait avec tant de persévérance, pour l'instruction des enfants. Aussi, jusqu'à la fin, il outrepasse ses forces dans les instructions qu'il leur faisait régulièrement. Il ne pouvait plus monter en chaire. Mais qui pourrait oublier à Nouvion son dernier sermon de Pâques ? Il disait la Messe à voix basse. Après l'Évangile, il se traîna jusqu'à l'entrée de la nef. Le bon prêtre pleurait... « Mes frères, » disait-il, d'une voix si faible qu'on l'entendait à peine, « mes frères, faites vos Pâques ! Votre pauvre vieux curé vous le demande. » Et les Pâques ne diminuèrent pas à Nouvion cette année.

Comme ils l'aimaient leur vieux curé les bons habitants de Nouvion, et comme il les aimait ! Ils avaient en M. Naillon un père. Ils le vénéraient comme tel..... et il était heureux parmi ses enfants, le bon père !...

Des honneurs étaient venus le trouver dans sa tranquille humilité. Monseigneur Blanger l'avait nommé chanoine de la Guadeloupe, et notre regretté Monseigneur Bataille lui avait donné un titre personnel de curé de première classe.

Mais les honneurs de la terre émouvaient peu son âme d'élite.

Le moment approchait où, la journée faite, le Maître allait appeler le bon ouvrier pour la récompense.

Il ne manquait plus qu'un confessionnal. Il arrive... beau, comme tout ce qu'a fait M. Naillon.

Il s'y assit à peine,.. le soir était venu ! M. Naillon sentait évidemment les approches de la mort. Il avait écrit depuis longtemps à l'un de ses confrères, en lui parlant des affaires de son église : « J'espère en sortir sain et sauf, et puis, après..... mourir ! »

Dans ces derniers temps, il parlait souvent de la mort, et il s'y préparait. A son enfant de chœur il disait : « Va, mon petit, tu ne me serviras plus la Messe longtemps...» Et on le voyait le soir errer dans le cimetière, son chapelet à la main..,

Enfin, un jour, le dernier jeudi de sa vie, à l'heure de sa visite au Saint-Sacrement, il était au pied de l'autel et se croyait seul. Mais on l'entendit tout-à-coup chanter à pleine voix le *Magnificat* ! Que se passait-il alors dans l'âme du saint prêtre, quand il répétait à Dieu, avec un accent indéfinissable, ces paroles qu'avait dites autrefois la Vierge, et dont plusieurs trouvaient maintenant en lui une application si réelle ? « Mon âme « vous glorifie, ô Seigneur, mon esprit tressaille..... « parce que vous avez regardé mon humilité, parce que « vous avez fait par mon humble ministère de grandes « choses..... Et votre miséricorde s'étend de génération « en génération sur ceux qui vous craignent... et vous « recevrez Israël, votre enfant. O gloire à Dieu ! gloire « au Père ! gloire au Fils ! gloire au Saint-Esprit !

Qu'elles étaient belles ces paroles autrefois sur les lèvres de la sainte Vierge ! qu'elles étaient belles aussi, ce soir là, sur les lèvres défaillantes du bon prêtre, après toute une vie consacrée à la gloire de Dieu et au salut des âmes !

Ses souffrances s'aggravaient sensiblement. La lutte devenait de plus en plus pénible. Et pourtant, par un prodige de zèle, il ne cessa pas une seule fois d'offrir le saint Sacrifice.

Le matin de son dernier jour, il veut se lever. Ses forces le trahissent, il manifeste son extrême désir de se faire habiller pour monter une fois encore à l'autel. Mais, vaincu par le mal, il sent l'heure de Dieu venue.

« Prie pour moi, j'en ai bien besoin » dit-il, à celle qui l'entourait des plus tendres soins.

Bientôt, on l'entend répéter les paroles de l'*Ave Maria,* puis l'envahissement mortel fait son œuvre.

Mais l'âme était là encore, et le mourant répétait : « Oui, oui, » à tous les actes, à toutes les invocations qu'une fille de Dieu articulait en son nom.

Quand arriva M. le Curé de Sailly-le-Sec, il le trouva tenant avec amour le crucifix placé tout près de lui, sur son oreiller même. Son attitude était bien celle d'un ami de Jésus.

Une demi-heure après, il s'endormait en Lui.

A peine M. le Curé avait rendu le dernier soupir que toute la paroisse était en deuil. Tous les paroissiens comprenaient, sentaient qu'ils avaient perdu, en M. Naillon, un *père* ; tous, d'un commun accord, exprimaient leurs regrets en même temps qu'ils rappelaient et louaient hautement le désintéressement, le dévouement, les vertus sacerdotales, les œuvres du vénéré défunt.

M. Chapeaux, maire de Nouvion, interprète autorisé des sentiments de la paroisse, s'était spontanément chargé de veiller à tous les préparatifs des funérailles de M. le Doyen.

Elles ont eu lieu le samedi 25 septembre et elles ont été présidées par M. l'abbé Voclin, Archiprêtre d'Abbeville, qui a redit avec l'âme et avec le talent qu'on lui connait, la vie et les œuvres de M. Naillon.

Bien que la cérémonie funèbre eût lieu le samedi, 25 septembre, veille de saint Firmin, patron du Diocèse, plus de 60 prêtres y assistaient. Plusieurs d'entre eux, afin de pouvoir rendre ce dernier devoir et payer la dette du cœur à un confrère et à un ami dont ils apprécièrent toujours le zèle prudent, et dont ils suivirent toujours les sages conseils, avaient dû quitter leurs paroisses à une heure très matinale. Quelques-uns ont passé toute la nuit en voyage. Nous n'en serons pas surpris si nous calculons la distance qui sépare *Ham, Villers-Bretonneux, Saint-Fuscien... de Nouvion.*

On nous assure, nous en sommes certain d'ailleurs, que si la solennité du lendemain n'eût empêché un bon nombre de curés de s'absenter, le jour des obsèques, plus de cent prêtres se seraient trouvés réunis auprès des dépouilles mortelles de M. l'abbé Naillon ; tant il avait conquis les sympathies, l'estime, la vénération, l'amour, de tous ses confrères !.....

Mais si ce cortège de plus de 60 prêtres tous jaloux de rendre hommage à la mémoire vénérée du *défunt*, est en même temps qu'un douloureux, un *bien consolant spectacle*... que dire du cortège qui lui fut formé par tous ses enfants, par tous ses paroissiens ?... Pas une maison qui ne fût en deuil, pas un cœur qui ne fût oppressé. Oh ! combien est puissante ! quelles profondes et salutaires impressions, elle laisse au cœur de nos populations chrétiennes, une vie pastorale longue et bien remplie, comme fut celle du curé de Nouvion !...

Nous regrettons bien vivement de n'avoir pas été mis en mesure de pouvoir reproduire le témoignage très juste et très finement pensé que M. le *Maire de Nou-*

vion, au nom de la population qu'il administre si dignement, a rendu à la mémoire du vénéré défunt Il a constaté toutes les industries de son zèle persévérant, toutes les ressources qu'il a su déployer, tous les sages conseils qu'il a donnés pendant l'exercice d'un ministère de près de 30 ans. Il a constaté surtout que le cimetière, tel qu'il est aujourd'hui, est son œuvre ainsi que la belle église qu'il a fait reconstruire, orner, embellir. sans que la commune intervînt acunement de ses deniers. Un seul mot nous reste à dire : c'est un *vœu* à exprimer. Nous l'exprimons du fond du cœur, certain d'être l'interprète fidèle de tous les anciens paroissiens de M. l'abbé Naillon :

Puisse M. Chapeaux réussir dans un projet auquel souscrira toute la population pour rendre un dernier et durable hommage au Curé que pleure tout Nouvion !. ...

PORTRAIT
DE
MESSIRE IRÉNÉE NAILLON

Chanoine honoraire de la Guadeloupe
et Curé-Doyen de Nouvion.

Il avait du Sauveur le noble caractère ;
Son sourire exhalait la bonté de son cœur ;
Il donnait à chacun : son or à la misère,
Son toit hospitalier, sa table au voyageur.
Pour l'enfance il avait de suaves tendresses ;
La douleur s'apaisait à ses touchants discours ;
Le bon riche gagné par toutes ses largesses
A l'envi lui prêtait un généreux concours.
Si parfois son regard avait l'éclat du foudre,
C'était au vice affreux qu'il lançait des éclairs
Tel du Temple, jadis, le Christ mit en poudre
Des vils profanateurs tous les produits divers.
A CELUI devant qui tout l'univers ensemble
A l'ombre de sa main repose dans les airs,
Il donna des palais où le peuple s'assemble,
Pour chanter au Très-Haut de sublimes concerts

Autour de son tombeau, enfants du sanctuaire.
Vous, qui de ses vertus enviez la splendeur,
Priez, car l'Avenir est tout plein de mystère...
Tous demandons pour lui le souverain bonheur,
Vous surtout, ses enfants (1) sur cette faible image
Qui reflète les traits de celui qui n'est plus,
Soyez en l'imitant l'éclatant témoignage
Qui couronne à jamais ses aimables vertus.

---

(1) Les habitants de Nouvion, ceux de Long et de Citerne. Il a fait bâtir une église dans chacune de ces trois paroisses.

19

AMIENS. — IMP. ED. BONVALLET.

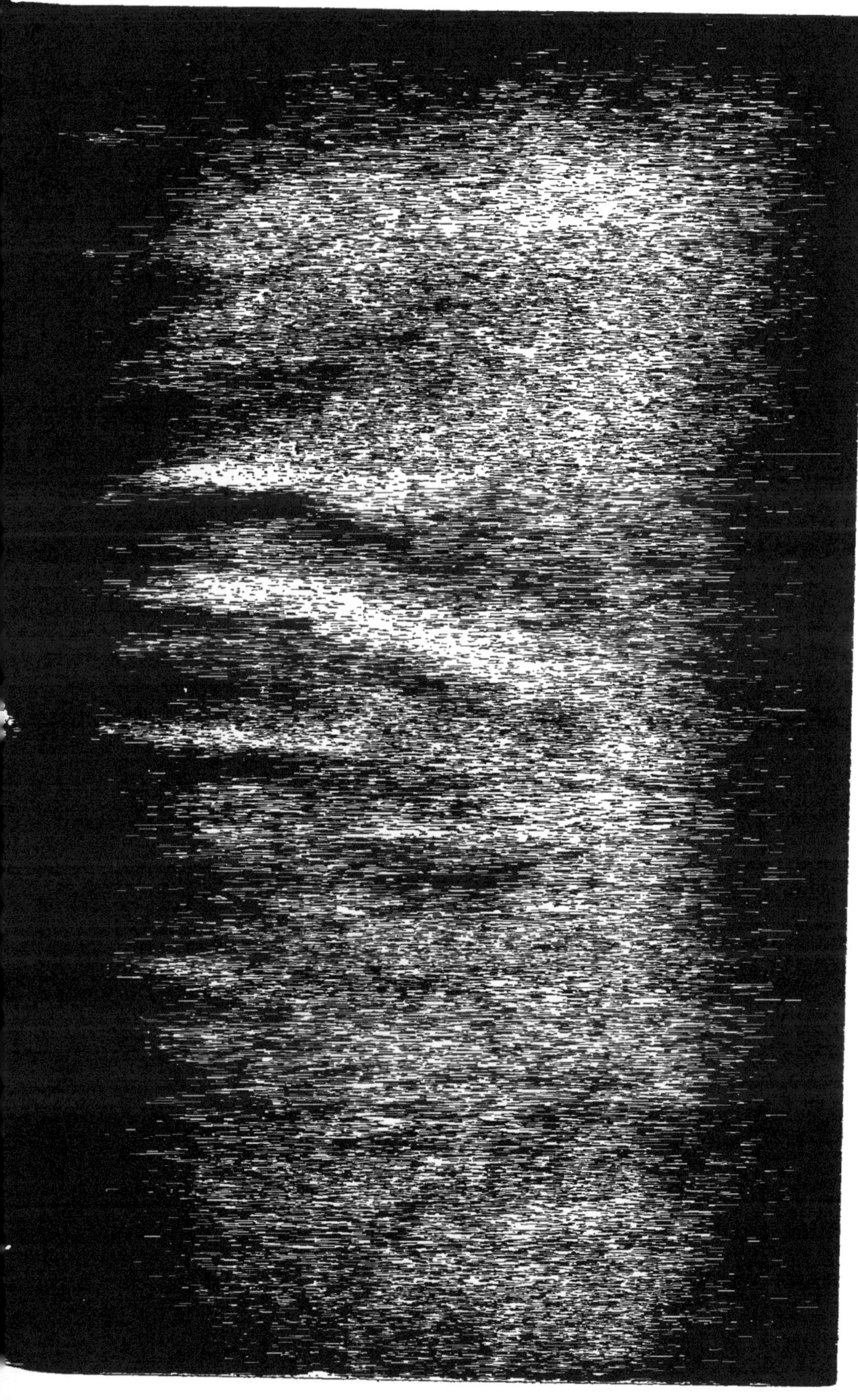

www.ingramcontent.com/pod-product-compliance
Ingram Content Group UK Ltd.
Pitfield, Milton Keynes, MK11 3LW, UK
UKHW021522260726
13993UKWH00004B/1827